미술관에 불을 끄지 말아요

미술관에 불을 끄지 말아요

초판 1쇄 발행 2024년 6월 21일

지은이 최동열
펴낸이 장현수
펴낸곳 메이킹북스
출판등록 제 2019-000010호

디자인 이정아
편집 이정아
교정 강인영
마케팅 김소형

주소 서울특별시 구로구 경인로 661, 핀포인트타워 912-914호
전화 02-2135-5086
팩스 02-2135-5087
이메일 making_books@naver.com
홈페이지 www.makingbooks.co.kr

ISBN 979-11-6791-557-3(03810)
값 12,800원

ⓒ 최동열 2024 Printed in Korea

잘못된 책은 구입하신 곳에서 바꾸어 드립니다.
이 책의 전부 또는 일부 내용을 재사용하려면 사전에 저작권자와 펴낸곳의 동의를 받아야 합니다.

홈페이지 바로가기

메이킹북스는 저자님의 소중한 투고 원고를 기다립니다.
출간에 대한 관심이 있으신 분은 making_books@naver.com로 보내 주세요.

미술관에 불을 끄지 말아요

시인의 말

시의 이름이
내게 다가와
눈시울을 붉힌다
한참 동안
아무 말이 없었다
따뜻한 말로
위로하고 싶은데…
함께 한 약속
기억하고 있을까?
그날을 떠올리며
시집을 펼친다

목차

1부. 미술관에 불을 끄지 말아요 ----- 7

미술관에 불을 끄지 말아요	8	S#1. 문 앞에서	28
달팽이 집	10	지구를 사랑한다는 것	30
무인도	12	패러다임의 전환	31
신조어	13	부서진 꽃	32
입춘	14	야누스	33
시든 풀잎	16	고백합니다	34
고양이	17	침묵	35
생명의 기도	18	ISFJ형	36
~ing	19	지각	38
처음에	20	계룡산	39
무지개	21	심야 영화	40
공허하다?	22	천국의 문	41
순진한 동화책	23	자연의 약속	42
날아가는 풍선	24	돈키호테	43
꽃잎이 피네	26	코로나 시대	44
로망스	27	수박처럼 달콤한 눈	46

2부. 가을은 가을에게 ---------- 47

가을은 가을에게	48	운명의 주사위	63
다시 만나는 날	49	발자국	64
유튜브	50	외계인	65
카르페디엠	51	잠시 멈춥니다	66
가을비	52	시그널	68
동물원 가는 길	53	캠핑 세레나데	70
일기장	54	빨간 신호등	72
레드썬	55	담쟁이	73
카리브 축제	56	고약한 냄새	74
빛바랜 사진	57	남겨진 것	75
우리 엄마	58	롱코비드	76
가을의 기도	59	우리가 꿈꾸는 곳	78
호수의 고향	60	전설의 고향	80
피그말리온	61	비상(飛翔)	82
매미가 우는 이유	62	앨버커키	83

1부
미술관에 불을 끄지 말아요

미술관에 불을 끄지 말아요

손을 내어주세요
조각칼로 다듬어 성숙해진
그대를 그려보며
상상했어요

공인된 인증 후에도
얼음 같은 무표정으로
한곳만을
바라보고 있어요

하지만 따뜻한 눈을 보면
당신의 진심이
아니라는 것을 알아요

당신이 변하는 것을 느껴요
몸을 한 조각씩 내어주고
자신을 희생하며

꺼진 불은 다시 피어난다고
시련을 넘어선 살결로
에둘러 말하는 당신

지진에 깨진 조각들을
손으로 하나씩 주워
지난날을 독백하네요

슬픈 과거는 버려야 해요
미술관에 불을 끄지 말아요

달팽이 집

바다가 더 멀어질 때
파도 소리가 들리지 않을 때

깊이 파고들어가고자 하는
귀소 본능 한 개가
내 귓불을 타고 올라갔지

속살을 드러낸 물고기의 유혹
겹겹이 쌓인 비늘을 씻어낸
12월의 달력 한 장이 능선을 넘고

파도를 헤치고 돌아가자는 약속은
소용없는 수포로 돌아가
사회에 수용되지 않는다는 것을
알게 되면서

용서할 기회는 사라져 가며
용서받을 기회도 잊혀 갈 때

둘러싼 이야기는
시대의 권세에 허공을 가로지른
비밀스러운 고백을 하였네

말하고 싶어도 하지 못해
요구하는 질문을 벗어나

줄어든 정적을 깨고
새로운 용기가 솟아난다며

공간을 아직 떠나지 않은
느리게 느리게
진실을 말하고 싶은

내 사랑하는 임의 그림자

무인도

바닷바람이 부는
얕은 산자락 지나면
해를 마중 가는 길

수채화 팔레트 물감을
푸르게 흩어놓은 바다

냉정한 후박나무는
금욕의 입술로 자라고

소박한 자주색 메꽃이
드문드문 피어나는 그곳

불러도 대답이 없는 땅
뱃고동 소리를 담은
자연의 풍경화를 그리네

그토록 동경했지만
파도를 떠나버린 모래밭
덩그러니 남은 구름아

신조어

프레임의 가면에
숨은 얼굴이 있다며
움츠린 입을 열었다

우리의 시대를
성급한 결론으로
사람들을 구분 지으며

연극의 배역으로
웃음 짓는 어릿광대
만들어진 대학가에
아싸와 인싸는 누구?

경쟁의 시대에서
각본대로 만들어진
미래 코드를 재구성하는

일탈 본능을 흔들며
일그러진 담을 넘는
또 하나의 새로운 언어

입춘

당신과의 대화는 어려웠어요

불편한 부분은 편집되어
복잡하게 이해되었고
우리의 소리는 휴전을 선포했죠

당신과의 소통은
한동안 단절되었어요
분명히 어긋나 있었던 거죠?

이젠 추위를 흉내 내지 마세요
우린 함께 저곳에 가야 합니다
그곳에 가면

춤사위에 장단을 맞추며
얼었던 시냇물은
산기슭에 흐르고 흘러요

계절 지난 그 길 오시느라
정말 고생 많았어요
저를 도우러 오시는 거죠?

아지랑이 피어나는 곳
햇살이 돌아오는 곳

달콤한 휴식에
봄은 겨울을 잊기로 했어요
따뜻한 내 품에 오세요

시든 풀잎

울리는 사이렌 소리
메마른 입술로 말한다

무너진 기와집 문고리
전화선이 끊어진 거리
시든 풀잎만 무성하다

지나간 과거를 잃은
높은 마천루의 빌딩 숲

골목 언저리에 피어난
라일락꽃 향기가 그리워
상념의 굴레에 빠진다

도시 벽에 알리는
빼곡히 붙은 포스터

그때 그 사람들은
도대체 어디로 갔을까?

고양이

등 굽은 조그만 생명이
작은 끈 하나로 묶여 있었다

검은 눈에 하얀 수염은
시차를 초월한 세월의 연륜인가?

차가운 시멘트 바닥을 긁으며
컴퍼스 반경에 측량된
작은 원을 그리고 있다

지저분한 바닥의 사과 상자에
천과 털실 뭉치가 어지럽게 쌓인
구석에 이불을 펴 놓았다

헌 양재기에 화장실 물을 담고
태연하게 놓인 낡은 밥통에
자리에 멈춘 호흡이 있었다

가는 철봉에 끈에 묶인 목덜미
마음의 상처에 갇혀 버린 걸까?

생명의 기도

희미한 안갯길에서
당신의 아픔을 보듬고
여명을 보았습니다

가는 새벽의 길
지난날 상처를 씻고
준비하는 여정에

과거를 치유하기 위해
불 켜진 수술실로
천천히 들어갔습니다

녹색 신호등 켜진
가로수 길 걸으며
파스텔 전광판의 숫자에
간절하게 기도합니다

부활하는 생명처럼
아름답게 환한 빛으로
여기 피어나게 해 주세요

~ing

쏘아 올린 공은
알록달록한 빛으로
하늘을 장식합니다

비단길에 장식하는
거리에 쏟아지는 별 무리

달빛에 안기는 안개
조명등이 전원을 끄고

흩어지는 잿더미
수놓은 하늘의 뒤편에
떨어지는 잔흔의 행렬

그렇지만
축포가 남아 있어요
아직 끝나지 않았습니다
축제는 진행형입니다

처음에

그 사람 처음 보았을 때
설레임 감출 수 없었어요
괜스레 수줍어 돌아가는 길에

갈대숲 둥지 파랑새 울었어요
비 오는 날 우연히 마주친 길

두근거리는 심장에
얼굴을 쳐다볼 수 없었어요

보고 싶어 눈뜬 밤을 밝히려
심지에 등을 밝히고

호기심으로 달에게 물어볼 때
수줍게 웃어주던 그 사람

눈물 흘리며 서러울 때
다정하게 손을 잡아주던 그때가
참 그립습니다

무지개

똑똑! 아이의 궁금증에
문을 두드린다

우주는 얼마나 큰가요?
누가 마음을 지배하나요?
죽음은 무엇인가요?

끝도 없는 질문과
알 수 없는 답들이
나선형으로 이어진다

집중하는 모습에
볼펜을 내려놓으며
잠시 그 자리에
멈춰 있는 신호등

가시덤불 고갯길 너머
서투른 아이의 손을
따뜻하게 잡아주는
일곱 색깔 무지개

공허하다?

친구를 만나고 오는 길
돌아오는 길이 공허하다

친구의 부탁을 거절한 탓인가?

사범대 다니는 딸아이는
학교가 공허하다고 말했다

난 아직 들어야 할
준비가 되어 있지 않은데

공허하다는 것이 무엇일까?

이기주의, 코로나 사태
임용 감소, 교권 추락…

이것 때문일 수 있다
바로 이런 이유일 수도 있겠다

순진한 동화책

거룩하고 성스러운
조건 없이 내어준 그 사랑
받고 싶을 때가 있었지요
비와 태양에 자란 나무는
가지마다 무성한 열매를 맺고

꽃술에 둥지를 튼 나비는
저 하늘에 날아올라
늦가을 찬 이슬에 씻기어
그 사람 잊고 말았네요
사랑이 무엇인지 몰라
한동안 미련으로 남았습니다

정원에 향기를 피우고
첫눈이 온 아침을 걸으며
순진한 동화책을 펼쳐 봅니다
가끔은 보내준 사랑을
돌려받고 싶을 때가 있습니다
그 사랑 여기에 있습니다

날아가는 풍선

그 이야기가 부질없지만
무게를 생각하지 못했어요

정말 그랬어요
당연한 것에 대한 의미는
퇴색되고 버려져

표지판에서
그대로 직진해
길 한가운데
짐을 풀어놓을 때

그 칭찬에 만족할 수 없었어요

난 그나마 걸을 수 있고
작은 소리를 들을 수 있으며
촉감을 느끼며 만질 수 있는데

어머니는 말씀하셨습니다
보청기로 들을 수만 있다면
걸음이 자유로워진다면

누구나 가질 수 있는 것이
소망이 되고 기억될 때

남은 것을 모두 나누어 주며
호사로운 이불을 털고

어머니 잠결에
메모지에 적은 글이 날아가는
소박한 꿈이
이루어질 수 있다면

그저 살아갈 만한 세상이라고
웃으며 말씀하셨는데
그랬었는데…

꽃잎이 피네

오월의 들녘길
양지의 눈부신 자태

그대의 향기에 취해
길에 멈추고 말았네

신비로운 세상의 빛
기다림의 미학에
심장을 흔들고

지난밤 비바람에
짜릿한 추억을 남기고
산산이 부서진 꽃잎

노을 지는 석양의 길
꼭꼭 숨겨 놓은
초록의 꽃잎이 피네

로망스

생각하면 들을 수 있어요
고백의 명상을 통하여
가느다란 숨소리를 듣습니다

바이올린 선율에 사랑의 노래
높고 높은 곳에 계신 당신
영원히 사모할 수 있을까요

미련은 산천의 주변을 돌지만
순수했던 과거를 기억하기에

이제는 침묵해야 합니다
눈을 감으면 들을 수 있답니다
그대의 목소리를 듣습니다

S#1. 문 앞에서

긴장한 심장을 고치기 위해
사거리 닫힌 문의 비밀번호를 누르고
나는 필사적으로 들어갔어요

수학적 공식과도 같은 인간의 노화는
의사의 특별한 위로를 받아야 할까요

위로의 글들이 나열된 진열장
고통이 지속되는 시간을 줄이기 위해
눈을 뜨고 처방전을 찾았습니다

발견된 호모 사피엔스는
유창한 해설사로 자연의 법칙을 말하고

평온한 바다로 사라지는 바람을
대기권을 위성에서 바라보며
특별한 효과를 가르쳐 주고 싶었습니다

생사의 고통을 잊을 노래를 부르며
마취의 효과를 볼 수 있다는 소문에
손바닥에 붉은 문신을 하고

지난 모든 일들을 잊을 수 있는
아프고 불안한 마음을 씻어줄
비법이 담긴 책을 주문합니다

파란 표지를 따라 걷다가
배달된 글자에 멈춘
위로의 말을 발견했어요

나눌 수 없었던 이야기들
말할 수 없었던 그날의 시간
이제 용기를 내어 고백합니다

S#1. 문 앞에서

지구를 사랑한다는 것

저 빛나는 수많은 별 중에
하나의 지구만을
사랑한다는 것은
외로움일 수도 있겠다

저 빛나는 수많은 별 중에
오직 지구를 사랑한다는 것은
변명이라고 할 수 있겠다

저 빛나는 수많은 별 중에
지구만을 짝사랑하는 것은
어쩌면 집착일 수도 있겠다

저 크고 광활한 우주에
지구에만 생명이 있단 말인가?
푸른색은 어디서 비치는 것이냐?

패러다임의 전환

파동에 포물선을 긋고
살아 있는 에너지를 충전한다

그물망을 벗어난
고차원의 2차 방정식 이론에

도형들이 팽창하며
전환하는 프로젝트의 시도

작은 점의 빅뱅은
멀어지는 수억 광년의 우주에
화룡점정*을 찍어버린 걸까?

변화의 신호를 포착하는
나는 너를 기다린다
흩어진 주파수를 찾으며

* 화룡점정(畫龍點睛): 가장 요긴한 부분을 마치어 일을 끝냄을 이르는 말

부서진 꽃

대지에 피어난 꽃말을
바위틈에 새겨놓고
구름에 산을 감싼다

새벽의 이슬비는
피어난 꽃잎을 품어주고

스며드는 봄기운에
쳇바퀴 같은 시대의 역사는
회고의 편지를 쓴다

아지랑이 자태를 사모하여
자연의 색을 채우지 못하고

산산이 부서진 꽃들이여
아, 그날의 봄이여

야누스

아침의 빈자리
허탈한 마음을 채워주는
이상한 상상을 합니다

두 색깔로 세상을 그려내는 야누스*
자유로운 립스틱을 칠하고
지나친 욕심을 반성하며

원하는 모습으로 갖고 싶은 자화상에
그려낸 얼굴을 거울에 비춰 봅니다

미술 시간의 콜라주에 다가선
딱딱한 콘크리트 바닥에
다채로운 색을 마저 입히고

야릇한 미소를 띠고
서로를 바라보는 전혀 다른 두 얼굴
어쩌면 닮고 싶지 않은 내 얼굴

* 야누스: 그리스 신화에 두 얼굴로 여겨지는 신

고백합니다

눈 내리는 초겨울
당신의 선택인가요?

한 쌍의 앵무새는
천천히 입을 모으고
기도합니다

저출산 고령화에서
우리는 두 손을 모으고
사랑을 고백합니다

쉿, 조용히!
당신의 체온은
지금 몇 도인가요?

동쪽 고요한 하늘에
아기별은 밤새
엄마 곁에서 잠들었어요

침묵

참고 인내하는 것
타인을 배려하는 것
주어진 삶에 따르는 것
자연의 소리를 듣는 것
생각을 잠시 멈춘 것
독백의 시를 쓰는 것
누군가를 그리워하는 것
사랑이 조금씩 싹트는 것

ISFJ형

몸치를 인증하라며
멀리 보이는 산에 머물다
메아리 연습을 시작했어요

MBTI의 ISFJ형입니까?

멋지고 용감한 수호자여

방해되는 소리를 외면하고
던진 말은 언덕을 넘으며

사방으로 흩어지는 물줄기

달력에 계획된 숫자는
절벽의 끝이라고 보이는
장문의 문자

고객님 감사해요
사랑해요

친숙한 배달 기사는
시험해 보려고 던진 말들을

조립식 바닥에
차례대로 세워 놓았어요

밀치고 쓰러진 도미노를
벽돌로 포장하고
콘크리트 길로 나갔어요

아픈 엄지손가락 사건은
또 하나의 자아를 만들고

약지에 장갑을 덮어주는
잊고 있었던
아프고 아픈 기억을
창문 멀리 던져 버렸어요

소중한 말들을
쉽게 잊혀진 모습은
새로이 주워 담아야 해요

지각

구절초 꿈길의
태엽에 휘어진 터널
잠에서 달아나고 싶은데

꿈의 잔상은 빛을 비추며
웃는 여인이 다가와
자리를 비켜달라며

몽롱해지는 땀에
빨리 일어나라고 말한다
조금은 변덕스럽지만
깨어나고 싶지 않은데

꽃무늬 이불 옆으로
변덕스럽게 돌아누운 잠
낮아진 천장의 모빌
옆으로 기울어진 침대

부지런한 아침은
게으른 몸을 깨우려 한다

계룡산

뜨거운 태양에
더위를 재촉하는 땅
나침반을 오가는 새들

목마른 산짐승이 숨은
계룡산 능선을 넘는다

정상의 메아리
산자락에 날아든 무지개
피곤한 발자국 남기고
동학사 내려오는 길

산중에 만난 주막은
맛있는 국밥을 내놓고
등불에 막걸리를 붓는다

나이에 산행은 지쳐 가는데
사람들은 이 맛에
가을 산을 찾는가 보다

심야 영화

늦은 도시 골목
색 바랜 가방을
의자에 기대고
긴 밤을 보내는 날

로맨스 영화로
카타르시스를 내리며
바보처럼 이슬 고인다

보석 같은 물방울
영상에 쌓인 꽃잎을 밟고
비상문 퇴로를 걸으며

커튼을 치우고 버린
티켓을 주워
사람들이 버린 말들을
노트에 적어 본다

밤을 지새웠던 그날
밤새 이야기했던 그날을

천국의 문

양 갈래로 흩어져
날아다니는 독수리
어스름한 신작로에
천국의 문이 열린다
양력에 날아오른 구름
새벽의 차가운 공기
창가에 이슬이 맺히고
지구의 반대 끝에
마중 나온 가로등이
속도를 높이면
바다에 배들이 떠 있다
보이는 파도와 등대
바람에 날아가는 새들
성냥 같은 건물
광채의 빌딩 숲에서
불빛 직선을 향해
랜딩하는 고도의 비행기
기다린 여행길에서
휴식의 짐을 내려놓는다

자연의 약속

나무에 매달린 잎
계절의 달력에 묻혀
침묵의 땅으로 떨어진다

날아가는 새들아 너는
은빛 날개를 뒤로 숨기고
외로운 별이 되었다

시들어지는 자연에
떨어지는 낙엽을 따라
고갯길에 수줍은 코스모스

석양의 붉은 하늘에
시들어지는 생명은
힘없이 허리를 숙이는구나

너희를 사랑하는 믿음으로
순수한 영혼의 약속
마지막 남은 버팀목으로
끝까지 지켜내련다

돈키호테

위험한
파도를 막으며
돌아가는
풍차를 향한
정의의 시험대

헷갈린
착시 현상에
이상과 현실의 재조합
묘한 신명에 빠진다

옷과 장신구를 버리고
고향에 돌아온
내 이름은 돈키호테

청청한 광야에
힘들고 어려운 길에서

가시덤불을 헤치고
새로운 역사를 써 보련다

코로나 시대

시대에 낮아진 천장
입술에 마개를 달아 놓은
전쟁터의 가혹한 전리품

채운 수갑에 자유는 구속된다
미간의 주름살은
주어진 자유를 잃어버렸다

거리를 걷는 사각 건물 사이로
팝송을 부르는 구슬픈 스피커

영혼의 진실한 대화는
심장이 뛰고 있다는 것이다

서로를 경계하는 날로부터
눈빛의 대화를 시도하면

민낯을 드러낸 검투사
성형을 유도하는 사회는
시장의 매력을 감소시킨다

전지적 시점으로
스캔하는 인류의 미래

평화를 약속하며
코로나 시대의 막을 내린다

수박처럼 달콤한 눈

싸락눈 휘날리는 들녘
궁금한 소식들이
하늘 가득하게 나부끼고

들판의 허수아비
첫눈을 기다리며
추위에 떨고 있다

바람에 부서지는 눈
어둠을 밝히는 호롱불
걸어온 발자국은
길에 선명하게 남기고

이역만리 내리는 하늘
마을 어귀에 우체통으로
그리운 편지를 쓴다

그때 그날의 눈
수박처럼 달콤했었지
보고 싶다 사랑한다

2부
가을은 가을에게

가을은 가을에게

가을은 이별의 계절
가을은 가을을 맞이하려고
떠나갈 채비를 했어요

낙엽이 떨어지는 가을이
스산하기만 합니다
들으시나요? 하늘이시여

춥고 따뜻한 지난 시간이
주마등처럼 흐르고 말았어요

가을은 홀로 떠나기 전에
다가온 가을에게 말했어요
지나간 날들 정들었던 사람

정말 고마웠어요, 수고했어요
가을은 가을을 잊기 전에
사랑의 믿음으로 돌아왔어요

기다렸어요, 보고 싶었어요

다시 만나는 날

새들이 떠나고
책상이 멀어져
시간이 멈추어지면

오랜 둥지마저
금방 허물어지겠지

정든 품을 벗어나
망망대해를 지나
따뜻한 봄이 오면

초원의 숲에서
우리 다시 만나는 날

그땐 말할 수 있겠지
너를 사랑했다고

유튜브

두 손가락을 모으고
지나간 과거를 회상한다

시간이 노화되는 순서로
반듯하게 놓아 보았다

청년과 노년이
작은 화면의 공간에서
한 사람으로 이름이 놓여진다

과거와 현재의 모습이
파노라마처럼 화면에 나타나고

아름다운 무대의 노래
세상에서 사라져 버린 그 사람들

그날의 기억을 다시 찾아보는
아 유튜브 시간 여행이여

카르페디엠

미지의 답답한 질문은
정답을 종종 묻는다

풀지 못한 방정식은
나선형 곡선에 빠져
현실을 잊어버렸다

카르페디엠
이 순간에 충실하라
경험의 법칙에 놀란
형이상학을 법정에 세우고

단순한 생각을 모아
다른 시간으로 이탈한 채
홀로 난감한 블랙홀로 간다

상상 속의 어둠에
욕망이 닿는 곳은
저 우주 어디까지일까?
어느 곳을 비춰야 할까?

가을비

저 밤이 지나
아침에 눈을 뜨면
뒷산에 핀 국화꽃

저녁은 가을에게
바람의 위로를 한다

가을 단비에
마른 낙엽을 적시고

어깨 위 하얀 안개
슬며시 내려앉으면

일어난 자리에
촉촉이 내리는 비
뚝뚝 떨어지고

흐릿한 오늘 아침
이상하게 우울하다

동물원 가는 길

동물들이 가두어진 곳
역사의 계보를 만들어
우생학을 말하는 해설사

추위에 외면하는 그들에게
다정한 말을 건네려
기회를 찾아본다

같은 자리를 돌며
스트레스로 헤매는 곰
구석에 움직이지 않는 원숭이
울타리 쪼그린 모습에

그들을 위해
잠긴 문을 열어주고
공놀이로 편을 나눠
우리의 공통점을 찾아본다

넓은 한마당에 모인 우리
함께 저 푸른 숲으로 가자

일기장

산 밑에 언덕길
초라한 작은 치킨 가게

이방인의 달군 숯은
싼 치킨 가격으로
서투른 말투를 건넨다

달콤한 침으로
입술을 적신 아이들

빈 저금통을 깨며
잰걸음으로
마을 길을 급히 오른다

가난한 일기장은
지난 아련한 기억을
종이 한 장에 감춰 놓았다

레드썬

레드썬!
투명한 조영술에
몸을 비추며
비밀 암호로
마음을 열었습니다

내시경에 잠든 기억은
꿈의 파란 액체에 열립니다

용서해 주세요
저주의 문에서 반성합니다
언행을 참회합니다

밤새 말도 안 되는
헛소리를 내며
거친 호흡을 내리고

탈의실 열쇠를 찾아
깊은 잠에서 깨어납니다
레드썬!

카리브 축제

봄에 태어난 나비는
비가 내리는 리듬에
블루투스 음악을 튼다

그리스 신전의
비너스 아프로디테*
사랑의 태양이 비추고

넓은 축제 광장에
여름이 기지개를 켜면
분수대에 더위를 씻는다

신나게 아이들을 흔드는
카리브의 삼바 춤

하늘로 날아가는 물보라
숨은 연인들의 입맞춤에
부끄러운 눈을 감았다

* 아프로디테: 그리스 신화에 나오는 미와 사랑의 여신

빛바랜 사진

앨범에 펼쳐진
아련한 사랑 이야기
같은 톤의 목소리
느릿한 걸음걸이

아침은 모카커피 바게트
비좁은 거리에 누운 잠

빛바랜 사진에 나타난
회색의 감정선이 있었다

표정은 변하는 미간에
세월의 주름이 접히고

몇 광년의 웜 홀*에
만남의 열쇠 꾸러미를
바닥에 풀어놓았다

* 웜 홀: 서로 다른 두 공간을 잇는 가상의 통로

우리 엄마

칼바람 시린 밤
마당 구석의 장독대에
물 한 대접 올리시고
밤새워 기도하셨네

밀가루에 두른 솥단지
팥고물을 시루에 심고
떡고물에 부스러기 고이면
줄어드는 쌀자루

침을 바른 문구멍에
틈새로 보이는 어머니는
한 번도 쉬지 않고
하늘에 손을 모으셨네

얼어붙은 손등에
입술 바람을 부는 막내
그 품에 안아주시던
아, 따뜻한 우리 엄마

가을의 기도

가을은 단풍잎으로
색깔을 칠하고
자연의 법칙은
정직하다고 합니다

잘하는 것이 하나도 없는 내게
다른 사람이 갖지 못한

무엇인가를
갖고 있다는 것을
깨닫게 되었습니다

나에게 하찮은 것이
누군가에게는 소중하다는 것을

갖지 못한 것에
아쉬워할 필요는 없습니다

오늘은 가진 것의 소중함에
하늘에 감사드리는 날입니다

호수의 고향

저 호수의 끝으로
전진과 후진의 단추를 눌러
방향을 정하는 뱃머리

순간을 영원히 담으려
셔터를 누르는 카메라 광채

둘레길 주변의 달빛
선착장으로 가라는 명령은
호수 뱃길의 노를 젓는다

계곡에 사라진 산천
비문에 남긴 평생의 언어

저 고요하고 평온한 곳
노를 저어라, 어서 가자
우리의 고향으로 가자

피그말리온*

기술 혁명의 지휘봉
홀로그램의 하얀빛으로
무대를 열었습니다

빛에 돌아온 당신을
하얀 눈으로 만났습니다

피그말리온의 전설에
만나는 오늘을 기다렸지요

그저 떠나실 때는
아무 말 없이 가신 당신
돌아와 노래하는 새

눈으로 글썽이는 말
나를 위로하는 임이여
이제는 떠나가지 마세요

* 피그말리온 효과: 어떠한 것을 간절히 소망하면 불가능한 일도 실현된다는 심리적 효과

매미가 우는 이유

한여름
더위에
감춘
욕망을 보내며
매미가 운다

메마른 땅에 심은
상수리나무에

한 줌의 흙이 된
초목구후

떠나는 너는
지나간 한여름을
이렇게
울고 있었구나

* 草木俱朽(초목구후): 초목(草木)과 함께 썩어 없어진다는 뜻으로, 해야 할 일을 못 하거나 이름을 남기지 못하고 죽음을 이름

운명의 주사위

언제든 정든 자리
떠날 준비를 한다

주군의 명령에
운명의 주사위를
던지는 하늘

어떤 길이라도
두려워하지 않겠다

파도에 밀려오는
새로운 옷을 고쳐 입고

희망의 내일로
찬란한 저 미래를 향해
또 다른 변신을 한다

이번엔 달라질까?
하얀 양복에 빨간 넥타이
파란색 구두를 신어 볼까?

발자국

도시 골목길
조급한 시간을 잊고
막다른 거리를 걷는다

천천히 걷는 풀잎이 그립다
무심하게 지나친
숲과 나무들을 보라

풍경을 천천히 둘러보며
처음 느끼는 설렘으로
낯선 주변을 보자

고향의 정취를 느끼며
따뜻한 온정을 찾기 위한
새 발자국을 새겨 본다

외계인

자연의 돌이 자라서
자율주행 자동차가 될 때까지
어느 별에서 숨어 지냈나요?
시야를 점점 좁히며
극지방의 빙하를 살살 녹이는
부스럭거리는 밤

물뿌리에 삼킨 산봉우리에
에돌며 따라가는 시냇물을
기다리는 윈드벨 소리를
환생(幻生)이었을까요?
푸서리 우레 치는 험한 계곡
숨은 생명이 움트는 곳

주객이 바뀌었다고
주인이라고는 말하지 마세요
지구에 놀러 온 외계인
당신의 숨은 정체를
이미 알고 있었거든요

잠시 멈춥니다

화려한 도시를 걷다
문득 그 자리에서 멈춥니다

멈춘다는 것은 무엇인가요?

착하고 인자한 꿈을 바라고
사회와 가정에서
많은 역할을 주고받으며

정해진 규칙과 비용으로
꾸준히 가야만 했던 길

조용히 생각을 합니다

바쁠 때 애태운 적 있었지만
용기가 없어 멈출 수 없었습니다

가던 길을 멈춘다는 상상은
모든 관계마저 끊어질 듯
불안이 엄습하고 두려워집니다

모르는 길에서 멈춘다는 것은
눈을 크게 뜨고
주변을 둘러보는 것입니다

처음 보는 아름다운 모든 세상
멈춰야 한다는 것을 알면서도
멈추지 못해 애태웠던 지난날

아픈 눈으로 세상을 봅니다
여행의 길에서 짐을 풀어놓고
흘린 눈물을 닦아내려 합니다

조용한 세상이 보입니다
멈추어야 할 길에서
잠시 쉬어 간다면
새로운 세상을 볼 수 있습니다

잠시 멈춥니다

시그널

정상에 오른 기쁨
마침표를 찍기 위한
인증샷의 마무리

그 웃음을 위해 달려온
길었던 시간들이
주마등처럼 흘러간다

보름달의 새뜻한 조우

착한 순리에
새 생명을 창조하고
이어져 내려온 길

삶의 굴곡진 여정에
대지의 자연은
이정표의 지침을 내린다

살다 보면 느껴지는
소소하고 단순한
일상에 얻어진 만족감

먼 곳에 있지 않은
곁에 가까이 와 있는
포근한 행복을 보라

주위를 맴돌며
작은 것에 만족하는
생활 속의 시그널

옆으로 다가선 기대감에
잠은 누워서 잔다

캠핑 세레나데

푸른 밤에 풀빛 심어
하루를 보낸 후 인사를 해요

잣나무 숲 해먹에 누워
바이올린 선율에
지붕에 불을 켜고
아름다운 연주를 할게요

어제의 별밤은 사랑을 하고
모닥불 피운 대화는
시를 적어 불을 피우네요

사랑의 크기는 다르지만
원하는 답은 돌아올 거라고
굳게 믿고 있었어요

잎새에 붙은 나비
떠나가는 하룻밤의
초라한 정으로
아쉬운 작별 인사는 싫어요

캠핑의 노래를 잊을 수 없죠
생활로 돌아와도
그날을 잊을 수 없어요

마트의 상자를 열어 놓고
과일과 과자를 담아
위문 잔치를 하기로 합니다

화롯불에 그을린 목재를 담고
사랑을 그려낼 하얀 도화지

오색의 기타를 어깨에 메고
찾아가는 투명한 천의 실루엣

석양에 저녁노을의 음악 소리
치유의 숲으로 퍼지고 있네요

빨간 신호등

기억나시나요?

꽃길을 가려고 하면
당신은 쉬운 길로
가지 말라고 말했습니다

땀을 흘리며 지쳐 있을 때
오히려 뜨거운 태양을
더 비추었습니다

급히 가는 길에서
당신은 빨간 불빛을 비추며
무섭게 겁을 주었습니다

도대체 왜 그러시는 건가요?
어떻게 하라는 건가요?

이유를 알 수 있는 날이
언제든 오겠지요?

담쟁이

풀숲에 넘어진 아이
창가에 부르는 소리

부르던 이름이
기억이 나지 않아요
보이지 않는 그 아이

씨앗을 덮은 흙 속에
조그만 싹이 돋았어요
햇살은 창문에 비치고

집으로 돌아온 잎새
이젠 헤어지지 말아요

남은 꽃대의 초록을
포근히 안아주는 담쟁이

고약한 냄새

코로나를
힘들게 앓은 후
고약한 냄새를
맡을 수 없었다

사람들은 오히려
나를 부러워했다

달콤한 냄새는
쓴 냄새가 있어야
구별할 수
있다고 하는데

남겨진 것

보낸 익명의 신호
출력된 이상한 기호들
환심의 캐릭터는
사이버 공간을 채운다

금단 현상은
통신의 조급증을 부르고
놀란 호기심에
정보화 시대의
마중물을 붓는다

쌍방향 의사소통에
산란의 빛이 흩어진다
빛나는 눈부심의 뒷면에
다른 무엇이 있을까?

남겨진 그것은
왠지 쓸쓸해지고
그림자처럼 보이는
집착과 외로움 같은 것

롱코비드*

PCR 가로선 두 개
받고 싶지 않은 선물을
억지로 받게 되었다

포승줄에 수족을
결박당하고
스스로 좁은 골방에 갇힌다

가족을 밀쳐내고
사랑이라는
간절한 이름표를 붙인 채
빗장을 단단히 맨다

단절된 선임자 방에 갇혀
끓은 열창에 만신창이

답답한 격리 명령에
외부 세계와 소통을 위해

인터넷 전파선을 켜고

소통의 근심을 달랜다

간신히 열과 기침이 멎고
격리 해제서를 받고
나갈 채비를 하는데

끝나지 않았다고 위협하며
방문에 달라붙은 롱코비드

아, 이번에는
순순히 당하지는 않을 테다

발목을 걸고
한 방에 넘어뜨릴 테니
어서 내게 가까이 오라

* 롱코비드: 코로나19에 따른 후유증이 한동안 이어지는 것을 뜻하는 말

우리가 꿈꾸는 곳

네 마음을 빌려보자
서로의 공감대를 만들고
너에게로 감정 이입을 한다

긴급 뉴스에
어제의 소나기는
도랑에 합쳐져 강을 만들고
삼각주에 머물렀다고 한다

넓고 완만한 평탄한 이곳에
허심탄회하게 마음을 열고

우리는 함께 만나서 호흡하며
바닷길을 열어 놓는다

갈등은 보듬어주고
협력과 안정된 생활을 이루는
용서와 관용의 숲에서

우리의 공동체를 꿈꿔 본다
너와 살고 만나기 위해

하얀 백지에
우리의 규칙을 정해 보고
합의와 동의를 이끌어 본다

첨예한 대립각에서
마음의 가로를 움직이고
행동의 세로를 맞추어

약속한 땅으로 오라
함께 둥근 세상으로 가자
우리가 꿈꾸는 곳으로

전설의 고향

깊은 꿈에서 보이는 고향
어디서 본 듯한 노인

잠결에 휘젓는 무언의 손짓에
낯선 곳에 도착한 곳은
설움과 그리움이 함께 있는데

하늘이 무너지는 노모의 설움
자식을 잊지 못해 제사를 지내고

보름달 켜지는 어스름한 저녁
낯선 길 잃은 청년을 맞이했어요

천민의 자식으로 태어나
서당 곁에서 멀리 머문 채
청운의 꿈을 펼치지 못하고
시름시름 앓다 꽃이 되었어요

아들아 네가 돌아왔구나!
이것이 꿈인가 생시인가
양반의 자식으로 태어나
벼슬을 얻어 제가 돌아왔어요

이끌려 온 이곳은
꿈속에서 보았던 낡은 초가집
오래전 작별의 인사에
전생의 재회로 눈물이 흐릅니다

굽은 이 길을 걸을 때마다
전설의 이야기가 떠오르는 것은

헤어진 우리가
다시 만나기를 바라는
영원한 소망이기 때문일 겁니다

비상(飛翔)

시간을 휘젓는 거리에
안개처럼 피어난 꽃등
과거를 회고하는 길목에
숲에 핀 그대의 향기

고향길 첫사랑의 정취에
피아노 건반을 어루만지며
그리운 선율로 기대 봅니다

힘없이 아픈 몸으로
간신히 일어난 요양원의 아침

지팡이 디딘 돌담길 돌면
젊은 날의 날개로 펼친
레드카펫의 행렬

어제는 돌아온 당신과 함께
푸른 저 창공으로
훨훨 날아가는
단꿈을 꾸었답니다

앨버커키*

하늘을 수놓은 앨버커키의 축제를 시작합니다 화마에 기름 열쇠를 돌리는 소리, 독일식 아우디 엔진에 불을 붙여 날 수 있다는 소문입니다 운무로 짓눌러진 끝에 빈 공간을 채워가는 하늘이 있어요 이런 식으로 가느다란 미풍에 놀라서 떠난 새들을 위로할 수 있을까요 장식을 달고 가는 황금 마차, 툴툴거리며 짐을 싸는 갈매기 손짓하며 날아가는 창공을 보세요 무지개 우산에 내린 소나기를 한 번 더 용서하기로 해요 산마루에 세워진 설송(雪松), 상승의 이유를 찾아서 수평선을 날아가는 저녁입니다 푸른 구름이 비를 뿌리고 갑니다 내려진 줄을 잡아주세요 비가 눈물이 되지 않도록 소망이 채워시도록 두 손을 곱게 모으고 말이죠

* 앨버커키 국제 열기구 축제: 미국 앨버커키에서 매년 개최하는 대규모의 열기구 축제